BEI GRIN MACHT SICH IHR
WISSEN BEZAHLT

- Wir veröffentlichen Ihre Hausarbeit,
  Bachelor- und Masterarbeit

- Ihr eigenes eBook und Buch -
  weltweit in allen wichtigen Shops

- Verdienen Sie an jedem Verkauf

**Jetzt bei www.GRIN.com hochladen
und kostenlos publizieren**

Susanna Simmerl

Sexualität im Alter / Altenheim

GRIN Verlag

Bibliografische Information der Deutschen Nationalbibliothek:

Die Deutsche Bibliothek verzeichnet diese Publikation in der Deutschen National-
bibliografie; detaillierte bibliografische Daten sind im Internet über http://dnb.d-
nb.de/ abrufbar.

Impressum:

Copyright © 2005 GRIN Verlag GmbH
Druck und Bindung: Books on Demand GmbH, Norderstedt Germany
ISBN: 978-3-656-52997-2

Dieses Buch bei GRIN:

http://www.grin.com/de/e-book/44834/sexualitaet-im-alter-altenheim

GRIN - Your knowledge has value

Der GRIN Verlag publiziert seit 1998 wissenschaftliche Arbeiten von Studenten, Hochschullehrern und anderen Akademikern als eBook und gedrucktes Buch. Die Verlagswebsite www.grin.com ist die ideale Plattform zur Veröffentlichung von Hausarbeiten, Abschlussarbeiten, wissenschaftlichen Aufsätzen, Dissertationen und Fachbüchern.

Besuchen Sie uns im Internet:

http://www.grin.com/

http://www.facebook.com/grincom

http://www.twitter.com/grin_com

Berufsakademie für Alten- und Krankenpflege

Lehrgang: Management sozialer Einrichtung / Heimleitung

Abschlussarbeit

Thema:

Sexualität im Alter / Altenheim

Fach: Psychologie

Abgabetermin   **11. August 2005**

Kurs/Ort: **HL 04/04 Dortmund**

Sexualität im Alter/Altenheim

Problemstellung

Ich arbeite seit 11 Jahren als Heilpädagogin im Sozialen Dienst in einem Seniorenpflegeheim bei einem konfessionellen Trägerverein.

In all den Jahren ist niemals bei Teamgesprächen oder Dienstleitersitzungen intensiv über den Umgang mit Sexualität älterer pflegebedürftiger Menschen im Pflegeheim gesprochen worden oder ein Leitfaden zu dieser Thematik entstanden.
„Niemand wird daran zweifeln, dass alte Menschen noch Bedürfnisse haben: Essen, Trinken, Schlafen ... - aber Sex? Gibt es bei älteren Menschen ein Verlangen nach Lust und Liebe oder endet Sexualität mit dem Alter?". [1]

Der Bewohner, der in einer stationären Einrichtung lebt, muss ständig damit rechnen, gestört zu werden, das heißt: dass entweder das Pflegepersonal (bedingt durch den Pflegealltag wird leider viel zu oft das Anklopfen vergessen), unangemeldeter Besuch oder andere Mitbewohner in seine Wohnung kommen.
Zahlreiche Untersuchungen belegen die Existenz von Alterssexualität.
Wenn dies so ist, dann dürfte auch Sexualität in Heimen eine Rolle spielen.
Es ist anzunehmen, dass sie heimlich und mit Ängsten behaftet gelebt oder eben auch unterdrückt wird.

Ein weiteres Problem ergibt sich aus dem Zusammenleben der Paare in Seniorenpflegeheimen.
Verheiratete dürfen mittlerweile in einem Doppelzimmer leben, wogegen noch nicht verheiratete Paare oft räumlich getrennt leben müssen.
In den heutigen Pflegeeinrichtungen leben vorwiegend 80 Prozent Frauen und 20 Prozent Männer.

Die Zahl pflegebedürftiger Menschen in stationären Einrichtungen nimmt aufgrund der demographischen Entwicklung in den nächsten Jahren rapide zu. Schon jetzt sprießen die stationären Altenpflegeeinrichtungen wie `Pilze aus dem Boden´.

In diesem Zusammenhang wird auch die Qualität der Einrichtungen mehr und mehr in den Vordergrund rücken. Im Qualitätsmanagement versteht man unter Qualität vor allem Kundenzufriedenheit bzw. die Fähigkeit, Kundenerwartungen zu erfüllen oder gar zu übertreffen,(vgl. die Norm DIN EN ISO 9001-2000:12). [2]
Es ist zu erwarten, dass die oben skizzierte Thematik auch als eine Facette der Qualität wichtiger werden wird, gerade auch unter den Bedingungen zunehmender Konkurrenz.
Sexualität in Altenheimen als Teil der Sexualität im Alter ist bis heute gesellschaftlich weitgehend tabuisiert. Diese Arbeit möchte einen Überblick geben über wichtige Ergebnisse der Forschung, über die Rahmenbedingungen der Altersexualität insbesondere in Heimen und sie möchte einige Forderungen aufstellen, die ein besseres menschenwürdiges Selbstverständnis in Heimen unter Einbeziehung der Sexualität erst möglich machen.

---

1 Nübel G., Geschlechtslos im Alter?,Remlein K-H., Nübel G., (Hrsg.): Verlag Jakob van Hoddis 1999, S. 7
2 vgl. http://www.deutsche-efqm.de/ 27.05.2005

1

1. Geschichtliche Aspekte der Thematik

„Richard Freiherr von Krafft- Ebing (geb.1840 in Mannheim; gest. 1902 in Graz) war ein deutsch- österreichischer Psychiater und Gerichtsmediziner." [3]

Er schrieb 1886 das Standardlehrbuch der Sexualpathologie (Psychopathia sexualis), „der ganze Mann oder ganze Frau sind im männlichen oder weiblichen Körper von Anfang an angelegt und drängen auf Entfaltung. Dem Mann zieht´ s zur Frau und umgekehrt." [4]

Die ersten sexual - wissenschaftlichen Ergebnisse wurden um 1880 Richard von Krafft-Ebing niedergeschrieben. Ungefähr um 1900 entstand nach und nach die Sexualforschung, die sich auch auf Siegmund Freud (Psychoanalytiker) stützte.
Die Sexualforschung, deren Ursprünge in Deutschland liegen, befasst sich mit der menschlichen Sexualität und versucht, sexuelle Verhaltensmuster zu analysieren und zu erklären.

1950 wurde auf Initiative von Hans Giese die Deutsche Gesellschaft für Sexualforschung (DGfS) gegründet. Sie ist nicht nur die älteste, sondern auch die größte deutsche Fachgesellschaft für Sexualwissenschaft. Seit ihren Anfängen kommen die Mitglieder der DGfS aus unterschiedlichen wissenschaftlichen Disziplinen. Die interdisziplinäre Ausrichtung der DGfS zeigt sich auch an den Fachrichtungen ihrer gegenwärtigen Mitglieder, die als ÄrztInnen, PsychologInnen, PsychoanalytikerInnen, SoziologInnen, JuristInnen und KulturwissenschaftlerInnen in unterschiedlichen universitären und außeruniversitären Instutitionen tätig sind. Ziel der Gesellschaft ist es, die Sexualwissenschaft in Forschung, Lehre und Praxis zu fördern.
Sie hat durch Forschungsergebnisse, Gutachten und öffentliche Stellungnahmen die Gesellschaft in Deutschland in Bezug auf diese Thematik maßgeblich beeinflusst. Durch ihre Publikationen haben sie sexual - wissenschaftliche Themen rational und international vorangetrieben unter anderem waren es Forschungsthemen wie,

- Theorie und Geschichte der Sexualität,
- Frauen und Geschlechterforschung,
- Klinische Forschungen. [5]

---

3 vgl. http://de.wikipedia.org/wiki/Richard_von_Krafft-Ebing 19.07.2005
4 vgl. http://www.siegessaeule.de/archiv/serie/serie11_99.htm 27.07.2005
5 vgl. www.dgfs.infos/page2.htm 25.07.2005

1.1. Geschichtlicher Abriss der Entstehung der Heime

„Im ersten Jahrtausend entstanden im Gedanken tätiger Nächstenliebe (Diakonie) die ersten Gebäude zur Aufnahme von Fremden und hilfsbedürftigen Menschen. Alte, Mittellose, Kranke, Sterbende, Obdachlose und geistig Behinderte wurden in Armen- und Siechenhäuser untergebracht." [6]
Diese Häuser waren zunächst Klöster und christlichen Orden angeschlossen. Unterkunft und Pflege waren (fast) umsonst. Wer gesundheitlich konnte, musste einen Beitrag in Form von Arbeit dazutun.
Wer wirtschaftlich gut dastand, konnte sich ärztliche Behandlung sowie Pflege zu Hause leisten.

Es kamen nach und nach Versorgungshäuser hinzu, in denen wohlhabende ältere Menschen „durch den Kauf von sogenannten Pfründen sich einen Pflegeplatz und eine entsprechende Versorgung sichern konnten." [7]

Die Bevölkerungszahl nahm im späten Mittelalter zu. Immer häufiger kam es zu Infektionserkrankungen.
„Im 16. – 18. Jahrhundert kam es deswegen zur Gründung und Übernahme von Spitälern durch die Städte." [8]
Da die Pflegeverhältnisse kaum zu bewältigen waren, „entstanden die Pflegeorden (Malteser-- , Johanniter- , Heilig-Geist- , Franziskanerorden), die auch heute noch als Organisationsformen der Altenfürsorge zu finden sind." [9]

Im Verlauf der Industrialisierung wurden die offenen Armenpflegehäuser mit der Massenarmut immer mehr überfordert.
Die Menschen wurden mit ihren verschiedenen Gebrechen entweder in Krankenhäusern zur Gesundung untergebracht oder „Irre" in Irrenanstalten, Alte und Sieche in Pflegehäuser.

Erst ab1883 bildeten sich die Wohlfahrtsverbände und die Sozialversicherung wurde aufgebaut- und zwar auch als Reaktion auf die politische Situation und auf die Entstehung der Gewerkschaftsbewegung.
Zu beachten ist auch, dass es im Zuge der Industrialisierung zu einer Umwandlung der Familienstrukturen kam: die Transformation der Großfamilie in   viel kleinere Familienverbände. Zusammen mit der Trennung von Arbeitsplatz und Wohnung führte dies dazu, dass eine familiäre Fürsorge und Pflege immer schwieriger wurde.

Nach und nach entstanden dann die ersten reinen Alters - und Pflegeheime.
Ab 1906 waren die Ärzte die einzigen Ausbilder für das Krankenpflegepersonal.
Bis 1960 waren viele Altenheime noch Siechenhäuser und erst zu diesem Zeitpunkt gab es die erste eigenständige Altenpflegeausbildung mit dem Selbstverständnis des alten Menschen in seiner Gesamtheit.
1975 trat das Heimgesetz in Kraft, 1995 wurde die Pflegeversicherung in Deutschland etabliert.

---

6 http://www.geroweb.de/krankenpflege/geschichte-der-pflege.html 17.05.2005
7 ebenda
8 ebenda
9 ebenda

2. Definition Sexualität

Das Wort *Sexualität* „kommt aus dem Lateinischen und heißt: die Geschlechtlichkeit, das Geschlechtsleben". [10]

Im psychischen Sinne ist sie „alles Verhalten und Erleben, das mit dem in der Pubertät einsetzenden Geschlechtstrieb im Zusammenhang steht." [11]

Da die Begrifflichkeit *Sexualität* keine einheitliche Erklärung im Lexikon findet, wird es deutlich, dass Sie immer etwas mit einem selbst und mit den anderen als zwischenmenschliche Beziehung zu tun hat.
`Schmidt (1988) betrachtet *Sexualität* nicht als isoliertes Phänomen im Menschen, sondern als Teil seiner Persönlichkeit. Drei wichtige Bereiche seien zu beachten:

1. Die Bedürfnisgeschichte bzw. –erfahrung, die zusammenhängt mit dem ‚wie der Mensch in seinen frühkindlichen Erfahrungen beeinflusst wurde; bezüglich der Konfrontationen mit der Umwelt.
   Bedürfniserfüllende Erfahrung können eine zuversichtliche Einstellung zur Sexualität fördern.
2. Die Beziehungsgeschichte bzw. –erfahrungen, die von den ersten Bezugspersonen in Bezug zu sexuellem Beziehungen beeinflusst werden können.
   Denn Sexualität vollzieht sich real oder in Fantasien zu anderen Menschen. Je nach positiven oder negativen Erfahrungen können das Sich-Einlassen auf engere Beziehungen erschweren oder erleichtern.
3. Geschlechtsgeschichte. Denn *Sexualität* erlebt man als männlich oder weiblich; und hier finden dann die geschlechtsspezifischen Rollenerwartungen statt. Der Erwerb einer stabilen Geschlechtsidentität ist Voraussetzung, um Sexualität leben zu können.' [12]

„ Nach der Weltgesundheitsorganisation (WHO) ist *sexuelle Gesundheit* Integration der körperlichen, emotionalen, intellektuellen und sozialen Aspekte sexuellen Seins. Das heißt: sexuelle Gesundheit bereichert und stärkt die Persönlichkeit, die Kommunikation und Liebe." [13]

Der Begriff *Sexualität im Alter* hat sich in den letzten 10 Jahren verändert.
In der Pflege findet sich die Sexualität in „sich als Mann oder Frau fühlen und verhalten" in den

- AEDL´s (Aktivitäten und existentielle Erfahrungen des Lebens, Krohwinkel) in den
- LA ´s (Lebensaktivitäten, Roper, Tierny) und in den
- ATL (Aktivitäten des täglichen Lebens, Sr. L. Juchli).

Sexualität ist ein bedeutender Lebensbereich, der weit über die Fortpflanzungsfähigkeit hinausgeht. Dies gilt auch für die Sexualität im höheren Lebensalter. [14]

---

10 Fremdwörter Duden, Buch und Zeit Verlagsgesellschaft mbH Köln, 2004
11 Herder Lexikon, Psychologie, Herder Freiburg, Basel, Wien, 1975
12 vgl. Kleinvers S., Sexualität und Pflege, Schlütersche, 2004, S. 16 und 17
13 Grond E., Sexualität im Alter (K)ein Tabu in der Pflege, Brigitte Kunz Verlag, 2001, S. 34
14 vgl. www.vitanet.de Dr. Karen Strehlow, Charité- Uni Berlin 26.05.2005

2.1 Sexuelle Bedürfnisse

Es gibt kaum etwas anderes in unserem Leben, das wichtiger erscheint als die Liebe. Sexualität nur allein als Geschlechtstrieb zu sehen, wäre zu gering. Sie beinhaltet Liebe und auch Sehnsucht. Und gerade diese Sehnsucht gewinnt für ältere Menschen immer mehr an Bedeutung.

Es ist die Sehnsucht nach Wärme, nach menschlicher Nähe, nach jemande(n) der mich in seine Arme nimmt und mir sagt, ich spüre dich gerne.

Es ist die Sehnsucht nach Würde die zum Menschen, um erfahren zu können, dass ich noch etwas bedeute,- ein wichtiger Aspekt gerade im zunehmendem Alter ist.

Es ist die Sehnsucht nach partnerschaftlich, kameradschaftlichem Füreinander, im Sinne von Geborgenheit bekommt sie eine große Bedeutung und beugt Einsamkeit vor.

Es ist die Sehnsucht nach Gefühlen wie Wohlbefinden oder Liebe, die immer mehr in den Vordergrund rückt.

Natürlich sehnt sich jeder Mensch nach Anerkennung, nach jemanden der mich bestätigt im Sinne von ich hab dich gern, mag dich so, wie du bist!

Eine/n Freund/in zu haben, mit der/dem ich reden kann, über meine Wünsche und Sehnsüchte. [15]

2.2 Sexuelles Verlangen/Libido

Die Libido, das Lustgefühl ist im engeren Sinne auch das Verlangen nach Lustgewinn durch sexuelle Beziehungen. Sie ist ein Grundbedürfnis des Menschen und tief verwurzelt in den Empfindungen. Sie ist ein wesentlicher Anteil des Lustgewinns und des Selbstwertgefühls, die der Mensch in der Regel zur Person des anderen Geschlechts findet. [16]

Bei der Frau kann die Libido sinken, wenn sie das Empfinden hat, nicht mehr attraktiv zu sein, sei es durch Partnermangel oder wenn sie vom Partner keine Bestätigung bekommt.

---

15 vgl. Grond E., Sexualität im Alter ein (K)ein Tabu in der Pflege, Brigitte Kunz, 2001, S.31
16 vgl. www.v_laitenberger.de , Dr. med. Laitenberger, 2000, 26.05.2005

Die Erziehung kann auch dazu beitragen, dass bei der Frau das Lustempfinden nachlässt, wenn sie lustfeindlich erzogen wurde wie z.B.: mit entsprechenden Verboten.

Ebenso können negative sexuelle Lebenserfahrungen wie Vergewaltigung oder vom Ehepartner geforderte oder gar erzwungene, jedoch nicht als lustvoll erlebte Sexualpraktiken zum Libidoverlust führen.

Natürlich spielen auch gesundheitliche Probleme eine große Rolle.

Bei Männern kann die Libido sinken, wenn sie Angst vorm Versagen haben, d.h. wenn sie sich selber unter Druck setzen, um unbedingt ihre Manneskraft zu beweisen und es dann nicht bis zum Orgasmus schaffen.

Impotenz sowie Sterilität können die Libido sinken lassen.

Ebenso kann eine erektile Dysfunktion dazu beitragen, dass die Libido herabsinkt.

Kränkungen, in Form von verbalen Verletzungen von der Partnerin können beim Mann auch zur Senkung der Libido führen.

Natürlich können auch vielfältige andere gesundheitliche Probleme wie z.b. Diabetis eine große Rolle spielen. [17]

2.3 Kommunikation

Kommunikation lässt Begegnungen stattfinden: Sie kann viele Formen haben, in Sprache, in Gesten und Blicken, gesungen - oder auch in schriftlicher Form.

Die nonverbale Kommunikation ist oft unbewusst, das eigene Empfinden drückt sich in Gesten (Körperhaltung), Mimik des Gesichtsausdruck, Blickkontakt sowie Berührungen (Taktil) aus.

Durch Kommunikation werden Informationen ausgetauscht wie Emotionalität, Sinnlichkeit, Zärtlichkeit, Leiblichkeit, Intimität und Scham.
Kommunikation äußert sich in der intimen Kommunikation, in der sexuellen Begegnung, in Form von positive Gefühle füreinander.

---

17 vgl. Diekers C., Unterrichtseinheit, Psychologie, Sexualität im Alter, 2004

2.4 Zärtlichkeit

Zärtlichkeit ist auch eine tiefe Sehnsucht nach menschlicher Nähe, um im Körper das Angenommen-sein erleben zu können.
Sie ist ein starker Ausdruck der Sinnlichkeit, und Sinnlichkeit heißt nicht nur mit den fünf Sinnen oder nur sexuell triebhaft empfinden, sondern ganzheitliche Liebe erfahren. [18]

Mit der Zärtlichkeit, die der Mensch über die Haut erfährt, kann er spüren, aber auch selber weitergeben, was er oder der Partner fühlt. Das füreinander Dasein lässt den Menschen in Glücksmomente versetzen.

Ein Mensch ohne Hautkontakte, kann auf Dauer nicht überleben. Der Mensch vereinsamt und stirbt letztendlich an seelischer Verkümmerung.

„Zärtlichkeit ist eine Kommunikation der Liebe." [19]

Durch Zärtlichkeiten können Leiden und Schmerzen gelindert werden. Zärtlichkeiten brauchen Zeit, um übermittelt zu werden, und gerade die geht oft im Pflegealltag durch betriebswirtschaftlich reglementierte Pflegearbeitsabläufe unter.

Zärtlichkeit ist auch ein Bestandteil der Sexualität, ohne sie würde die Sexualität nur zum bloßen Akt, zum Machtkampf bis zur Vergewaltigung. [20]
Sie ermöglicht Intimität in tiefer Begegnung bis zur sexuellen Vereinigung.
Ältere Männer und Frauen meiden Zärtlichkeiten, weil sie kein Recht auf Lust beanspruchen dürften, sie nicht über ihre Bedürfnisse sprechen oder eine falsch verstandene Rücksichtnahme leben. [21]

3. Einstellungen zur Sexualität und Auswirkungen

Sich selbst zu lieben ist gesund. [22]
Hierbei spielt die Körperpflege eine besondere Rolle; wer auf sein Äußeres etwas hält, seinen Körper annehmen kann, wie er ist, der macht sich halt schick.

„Sexuelle Aktivität verlängert das Leben." [23]
Wer möchte sein Leben nicht verlängern und dabei noch eine befriedigende Sexualität genießen.

---

18 vgl. Grond E., Sexualität im Alter (K)ein Tabu in der Pflege, Brigitte Kunz
     Verlag, 2001, S. 32
19 ebenda
20 ebenda
21 vgl. Diekers C., Unterrichtseinheit, Psychologie, Sexualität im Alter, 2004
22 http://www.stern.de/wissenschaft/gesund_leben/seele-
sexualitaet/index.html?id=532629&q=Use%20it%20or%20lose%20it
Interviewer, Werner Hinzpeter, 27.07.2005

23 ebenda

„Use it or lose it heißt: Gebrauche deine Sexualität oder verliere sie". [24]
Mit einem Partner zusammen zu sein, mit dem man die gemeinsame Lust mit allen Sinnen und Gefühlen wie auch das Liebesspiel ohne Angst- und Schuldgefühle erlebt, sei es durch manuelle oder auch oral stimulierende Sexualität, lässt keine Wünsche offen und fördert die Gesundheit.
Aber auch die Selbstbefriedigung gibt den Menschen, der keine/n PartnerIn hat, die Möglichkeit, seine Sexualität zu erleben.

Die positive bzw. negative Einstellung zur Sexualität von Menschen, hat auch medizinische und allgemein menschliche Auswirkungen.

Küssen ist gesund, denn ein Kuss ist so gesund wie 100 Meter joggen.
Es werden 29 Muskeln zum Küssen gebraucht und beansprucht, besonders aber der `musculus orbicularis oris´. Dieser Muskel bringt den Mund in O-Stellung und hält ihn.
Bis zu 150 Herzschläge pro Minute kann ein Kuss auslösen und den Blutdruck auf 180 steigen lassen. [25]

Wer bis ins hohe Alter eine erfüllte Sexualität hat, hält sich zudem noch jung. [26]
Für Heimbewohner mit einer positiv ausgelebten Sexualität bedeutet eine erfüllte Sexualität 7 Jahre länger leben und sie brauchen 30% weniger Medikamente. [27]

Wer eine befriedigende Sexualität und somit einen erfüllten Orgasmus hat, fördert sein Immunsystem. Hierbei werden die T-Killer-Zellen gefördert und das Glückshormon Endorfin freigesetzt. Ebenso sind diese Menschen weniger von Herzinfarkten bedroht.

Frauen haben höhere Erfolgsaussichten vom Brustkrebs geheilt zu werden, wenn sie regelmäßige Orgasmen hatten.

Frauen sind seltener inkontinent, da die Beckenbodenmuskulatur ständig trainiert wird .
Bei sexueller Aktivität bleibt die Haut straffer.

Oswald Kolle, 76 Jahre, (Autor u. Filmemacher, Amsterdam), sagte einmal: „Sex ist für mich ein Jungbrunnen und das Beste gegen Altersdepressivität." [28]
„Im Vergleich zu anderen Körperfunktionen altert die Sexualfunktion sehr langsam, wird aber durch Erkrankungen und biografische Veränderungen beeinträchtigt." [29]

---

24 http://www.stern.de/wissenschaft/gesund_leben/seele-sexualitaet/index.html?id=532629&q=Use%20it%20or%20lose%20it
Interviewer, Werner Hinzpeter, 27.07.2005
25 ebenda
26 vgl. http://www.3sat.de/3sat.php?http://www.3sat.de/nano/cstuecke/20781/ 27.05.2005
27 vgl. Diekers C., Unterrichtseinheit, Psychologie, Sexualität im Alter, 2004
28 http://www.stern.de/wissenschaft/gesund_leben/seele-sexualitaet/index.html?id=532629&q=Use%20it%20or%20lose%20it
29 Grond E., Sexualität im Alter (k)ein Tabu in der Pflege, Brigitte Kunz Verlag 2001, S.11

Folgende Erkrankungen können die Sexualität im Alter auch durch Minderdurchblutung der Geschlechtsorgane beeinflussen:

- Herz-/ Kreislauferkrankungen
- Durchblutungsstörungen
- Apoplex
- Diabetes
- Bluthochdruck
- Leberinsuffizienz
- Prostataerkrankungen und Erkrankungen der Harnröhre
- Bestrahlungen im kleinen Becken
- Multiple Sklerose
- Gefäßerkrankungen
- Impotenz
- Inkontinenz
- Nierenerkrankungen
- Verschiedene Ca´s im Beckenbereich, wie Uterus - Ca, Vulva - Ca, Blasen - Ca, Hoden - Ca, Penis - Ca, Prostata - Ca
- Alkohol- und Nikotinabusus
- Schwere Depression
- Alzheimer Erkrankung
- Parkinson

Ebenso haben Medikamente einen großen Einfluss auf die Sexualität; diese können den Antrieb, die Lust, die Vorstellungen, Träume und Phantasien sowie den Orgasmus erschweren oder ganz auslassen. Diese sind:

- Herzmedikamente (Digitalis, Propafenon, Verapamil)
- Antidepressiva, MAO-Hemmer
- Psychopharmaka (Haldol)
- Medikamente zur Senkung der Blutfette (Clorfibrinsäurederivate)
- Magen- Darm- Mittel (Cimetidin, Ranitidin)
- Haarwuchsmittel
- Medikamente zur Entwässerung (z.B. Thiazide, Spironolacton)
- Antiepileptika (Carbamazepin)
- Blutdrucksenkende Medikamente (z.B. Clonidin, Dihydralazin)
- Entzündungshemmende Medikamente (Cortison)[30]

Ein wichtiger und nicht zu unterschätzender Faktor der Alterssexualität, die diese insbesondere beeinflussen kann, ist die Biografie.
Die heutige ältere Generation ist mit einer regiden Sexualmoral aufgewachsen.
Laut Oswald Kolle haben viele der heutigen Älteren eine kaum befriedigende Sexualität erlebt, sei es weil sie sie nur als eheliche Pflichten oder aus moralischen Gründen (Sex ohne Zeugung ist Sünde) erlebt haben. [31]
Auch erschwerend ist die ablehnende Haltung des gesellschaftlichen Umfelds gegenüber Alterssexualität.

30vgl http://www.geroweb.de/alterssexualitaet/sexualitaet_im_alter_alterssexualitaet.html
17.05.2005
31 ebenda

Sexualität im Alter/ Altenheim

4. Gesellschaft

Sexualität steht in den letzten Jahrzehnten immer mehr in der öffentlichen Diskussion. In den Medien, in der Werbung wird der Körper nackt dargestellt; Junge, dynamische, gutaussehende Körper sind attraktiv und begehrenswert.

Im Fernsehen wird über sexuelle Themen diskutiert, manchmal auch hemmungslos, schamlos, - und oberflächlich. Soft – Pornos laufen nach 22 Uhr in den Privatsendern. Das Internet wird zum Zufluchtsort für Intimitäten. Die Liebenden sind einander fern und doch so nah. [32]

Es wird zwar viel über die Sexualität gesprochen. Und doch, wenn ein Einzelner sich öffentlich zu seiner Sexualität bekennt, wird er oft belächelt, isoliert oder bestaunt.
Die Jugend scheint aufgeklärt und trotzdem können sich viele ein aktives Sexualleben bei ihren Eltern oder Großeltern kaum vorstellen; wohl aber, dass sie sich küssen, umarmen und Zärtlichleiten austauschen. Und die Aussage derer,
„mehr können die doch gar nicht", macht den Stellenwert der Alterssexualität in der Gesellschaft deutlich. [33]

4.1 Die frühere gesellschaftliche Einstellung zur Sexualität

Früher lebten die Familien in Großfamilien. Häufig lebten 3 Generationen unter einem Dach. Über Sexualität sprach man nicht, sie wurde ausgeführt, heimlich, damit die anderen in der Familie nichts mitbekamen, im Dunkeln. Oft waren auch die Wohnverhältnisse beengt.Selten sahen sich die Partner nackt.

Sexualität war auf ein Minimumm beschränkt, diente *nur* zur Fortpflanzung und zur Absicherung, Versorgung im Alter.

Häufig kam es vor, dass Männer sich den Sex bei ihren Ehefrauen oder anderen Damen einfach nahmen, ohne auf das *Lustgefühl* der Partnerin zu achten.

Sex vor der Ehe war ein schlimmes Vergehen, wobei Frauen als *verrufen* galten. Sie wurden als Lebe-Dame abgestempelt.

Sexualität außerhalb der Ehe galt als Unzucht und wurde unter Strafe gestellt. [34]
Über 100 Jahren galt das alte Sexualstrafrecht, und zwar bis 1972.
Mit 31 Paragraphen und 190 Tatbeständen wurden die Deutschen in ihrem Sexualleben reglementiert.

---

32 vgl http://premium-link.net/$62535$173843136$/0,1518,104838_eza_00050-104838,00.html 23.07.2005
33 Gröning K., Geschlechtslos im Alter?, Remlein K-H., Nübel G., (Hrsg.):
   Verlag Jakob v. Hoddis, 1999, S.69
34 vgl http://www.wissen.swr.de/sf/begleit/bg0036/bg_ws03c.htm 18.07.2005

10

4.2 Kulturhistorische Tabus

„Kultur ist die Gesamtheit der Lebensäußerungen der menschlichen Gesellschaft in Sprache, Religion, Wissenschaft, Kunst und anderem." [35]
Früher war die Sexualität nur ausgerichtet, um Nachkommen zu schaffen, die Fortpflanzung war nur in der Ehe erlaubt, wogegen der *normale* Sex, die Lust des Triebes gemeinsam mit seinem/r Partner/in auszuleben, als schmutzig galt.

„Menschen sind in ihrem Handeln - selbst bei rein sachlichen Entscheidungen - letztlich von dem binären Prinzip des Lust - und Unlust - Empfindens gesteuert, so wie das bei Tieren auch ist." [36]

Sigmund Freud (Psychologe) sagte einmal: „ *Das Tier im Menschen kann nicht ausgerottet werden. Daher muss diesem Tier ins Auge gesehen und mit ihm gelebt werden.* " [37]

Triebe werden oft verdrängt, tabuisiert, und es stellt sich die Frage, ob das natürlich ist.

Die Geschlechterdifferenzen werden als historisches Erbe aus der Frühzeit betrachtet. Es wird argumentiert, dass die Arbeitsteilung in der prähistorischen Jäger - und Sammlereigenschaften einen unterschiedlichen Selektionsdruck erzeugt. Männer gingen in Gruppen auf Großwildjagd. Um erfolgreich zu sein, war es notwenig, organisiert und spezialisiert vorzugehen. Eigenschaften wie Risikobereitschaft, Beharrungsvermögen bei Misserfolg und Bereitschaft zu kooperieren waren notwendige Voraussetzungen. Frauen hingegen waren für die Aufzucht und den Schutz des Nachwuchses in einer für den Menschen gefährlichen Umwelt zuständig. Es wird daraus gefolgert, dass vor allem jene Männer und Frauen ihr Erbgut weitergaben, die in ihrem Aufgabenbereich am erfolgreichsten waren. Ein unterschiedliches Triebverhalten könnte daraus abgeleitet werden.

Triebe sind *„biologisch verankerte Energiequellen"*. Es treten bei jedem Einzelnen Spannungen auf die als Erregungen erlebt werden. [38]
Das Ziel ist dann die lustvolle Triebbefriedigung, um diese inneren Spannungen abzubauen.

---

35 vgl http://www.humanistische-aktion.hompage.t-online.de/kultur.htm
06.12.2004
36 ebenda
37 ebenda
38 vgl Kleinvers S., Sexualität und Pflege, Schlütersche, 2004, S.14

Soziale, religiöse und kulturelle Normen haben einen großen Einfluss auf das Verhalten der Menschen genommen und nehmen auch heute noch Einfluss auf sie. Diese Kulturen sagen aus: [39]

- Sex vor der Ehe wie auch der Koitus ist verboten(katholisch).
- Sex nur zur Lust ist verboten (katholisch).
- Sex ab einem gewissen Alter ist nicht gewollt (katholisch).
- Sex unter Gleichgeschlechtlichen ist verboten (alle Religionen).
- Sex mit Verhütungsmitteln ist verboten (katholisch).
- Verschleierung der Frau (Islam).
- Polygamie ist erlaubt (Islam).
- Koitusverbot während der Menstruation der Frau ist verboten
- (Orthodoxen).
- Prüderie und konservative Zeiten machen sich breit (Viktorianische Zeit).

Gerade die ältere Generation ist von diesen religiösen Normen geprägt. Sie sind für sie noch heute bestimmend. Die Missachtung der Normen führt häufig zu Schuldgefühlen und oft in der Folge auch zu Partnerschaftskonflikten.
Insbesondere für viele ältere Menschen wird deren Sexualität durch religiöse Normen reglementiert. [40]

4.3 Gesellschaftliche Tabus

Oma und Opa haben lustvollen Sex?
Sehr wenige jüngere Generationen können sich dieses wirklich vorstellen.
Denn der *alte* Körper ist mit Falten belegt, die Haut ist nicht mehr so straff, der Bauch und der Hintern hängen, diese und andere Vorstellungen lässt die jüngere Generation dazu kommen, dass Oma und Opa keinen erfüllten und lustvollen Sex mehr haben könnten. Diese Körper sind nicht begehrenswert.
„Die Sexualität im Alter wird von älteren Frauen negativer bewertet als von älteren Männern.
Sie, die älteren Menschen, sind durch den gesellschaftlichen Wandel verunsichert, wie die Dauerhaftigkeit der Ehe an Bedeutung verloren, es gibt Lebensabschnittspartner, Heterosexualität, Homosexualität und für ältere Menschen scheint es wie bei Sodom und Gomorra einherzugehen.
Die älteren Menschen sind mit dem Patriarchat aufgewachsen.
Die heutige berufstätige Frau wird von ihnen nicht selten als Egoisten- Rabenmutter bezeichnet. Ein Hausmann ist in ihren Augen oft ein Faulpelz."[41]

Die Diskrepanz zwischen internalisierten Normen und den Realitäten des Alltages ist bei diesen Menschen groß und verunsichert sie zugleich. [42]
Hinzu kommt, dass Alterssexualität in der Gesellschaft nach wie vor tabuisiert ist (siehe Punkt 5 in dieser Arbeit).

---

39 vgl Grond E., Sexualität im Alter (k)ein Tabu in der Pflege, Brigitte Kunz,
    2001, S.14
40 vgl ebenda
41 vgl ebenda
42 vgl ebenda

Dennoch hat sich manches zum Positiven verändert. Einige Beispiele:

Immerhin wird inzwischen ab und an innerhalb der Pflegefachausbildung diese Thematik vorsichtig angesprochen. Zu beachten ist ja auch, dass die Einstellung der Pflegekräfte zur Sexualität und deren Reflektieren hier eine sehr wichtige Rolle spielt. Und Alterssexualität wird auch mehr und mehr Gegenstand der Forschung.
Jedenfalls ist ein kranker und pflegebedürftiger Mensch sicher nicht automatisch auch geschlechtsneutral geworden.

4.4 Die heutige Einstellung zur Sexualität als Ergebnis der letzten 45 Jahre

Mit der Einführung der Pille im Jahr 1962 in der BRD hat sich grundsätzlich die Einstellung zur Sexualität in der Gesellschaft verändert.
Sie ermöglichte es jetzt, dass Frauen sich vor ungewollten Schwangerschaften schützen konnten und sie gab der Frau die Möglichkeit, ihre sexuelle Selbstbestimmung zu lenken.
Gegner der Pille verurteilten sie, da sie zur Zügellosigkeit verführen würde.
Endlich aber konnte Frau in Punkto Sexualität mitreden und mitbestimmen.

Es kam die Zeit der sogenannten *Blumenkinder* und es war die Zeit eines Umbruchs im Verhalten der Jugendlichen. Lange Haare, die Beatles, Rock n´Roll, aufreizende Mode waren äußere Kennzeichen des Aufbegehrens.

Hari Krishna war der Gründer der Bhagwan - Jünger und propagierte die *freie* Liebe.
Jede/r konnte die eigene Lust mit einer/m willigen Partner/in ausleben, ganz nach Belieben.
Auch die Sexualität in der Gruppe wurde ausgelebt. Berühmt wurde die Kommune um Rainer Langhans und Uschi Obermaier. Man lebte jetzt die Sexualität nicht mehr im stillen Kämmerlein, im Dunkeln, sondern frei und ungezwungen öffentlich. Und man provozierte: *Wer nur mit derselben pennt, gehört zum Establishment.* Oswald Kolle klärte die Gesellschaft auf, der Film
Das Schweigen brach Tabus auf der Leinwand.
Die Gesellschaft und die Moralvorstellungen veränderten sich.

Der Feminismus in Deutschland, vorangetrieben u.a. durch Alice Schwarzer, gewann in den 70er Jahren nach und nach an Einfluss.
Viele Frauen ließen sich vom Patrichart nicht mehr unterdrücken (Thema Abtreibung: Berühmte Sterntitelgeschichte mit Promis).

In den 70er / 80er Jahren kam die Schwulen / Lesbenbewegung auf und Anfang der 90 er Jahre trauten berühmte Politiker/innen, Schauspieler/innen, Schriftsteller/innen, sich zur Homosexualität zu bekennen.

Gerade durch diese zum Teil rasante Entwicklung hin zu einer geänderten Einstellung zur Sexualität und zu einem offeneren Umgang damit wäre es zu vermuten, dass es heute ein anderes *Denken* in der Öffentlichkeit gäbe. Mehr Toleranz, mehr Akzeptanz wäre eigentlich anzunehmen.

13

Aber dem ist nicht so. Es scheint, dass in den letzten 45 Jahren, die Einstellung zur Sexualität sich viel langsamer gewandelt hat als die z.t. spektakulären Aktionen vermuten lassen. Und die Einstellungen zur Alterssexualität wandeln sich offenbar noch langsamer. Nur sehr langsam reift der Gedanke, dass sich die Gesellschaft frei machen muss von inneren Zwängen, um so die Sexualität auch im Alter zu zulassen.

4.5 Sexualmythen im Alter

Sexualmythen sind verbreitete Vorurteile, die aus der kulturellen Gesellschaft stammen und bis heute zum Teil Bestand haben.

Masturbation wurde im 18. Jahrhundert für fast alle Gebrechen verantwortlich gemacht. Sie führe zur Verklebung des Gehirns und der Mensch würde verdummen.
Ingmar Bergmann (schwedischer Regisseur, 1918 geb.) beschreibt in seiner Autobiografie *Mein Leben*, wie er als Junge in einem Lexikon unter Masturbation folgende Erklärung fand:

„Masturbation sei Selbstbefleckung und ein Jugendlaster, das bekämpft werden muss. Es führe zu Blässe, Schweißausbrüchen, Zittern, schwarzen Ringen unter den Augen, Konzentrationsschwierigkeiten, Gleichgewichtsstörungen und greife das Rückenmark an, epileptische Anfälle können nicht ausgeschlossen werden , wobei es in schweren Fällen zu Gehirnerweichung führe......*Jesus strafte mich am nächsten morgen mit einem riesigen Pickel mitten auf der bleichen Stirn.* " [43]

Das Dr. Sommer-Team der Zeitschrift Bravo hat heute immer noch ähnliche Anfragen von Jugendlichen im Alter zwischen 12 und 16 Jahren, die sich Rat suchen. Ist es schädlich, mehrmals am Tag zu onanieren?; Hat man nur begrenzten Samen?; Kommen starke Blutungen bei Mädchen vom onanieren?. Mir passieren immer so komische Dinge am Tag danach, wie kommt das? [44]

„Solche Erfahrungen in jüngeren Jahren wirken sich z.T. bis ins mittlere und hohe Alter aus." [45]

---

43 vgl Sydow v. K., Geschlechtslos im Alter?, Remlein K-H., Nübel G., (Hrsg): Verlag Jakob v. Hoddis, 1999, S. 23
44 vgl Zeitschrift Stern Artikel- Sex – an und für sich vom 18.11.2003,17.05.2005
45 Sydow v. K., Geschlechtslos im Alter?, Remlein K-H., Nübel G., (Hrsg): Verlag Jakob v. Hoddis, 1999, S. 23

Der Mythos „ein Mann kann immer und die Menopause sei mit Libidoverlust" gleichzusetzen, zeigt deutlich, dass die Leistungsnormen der jugendlichen Sexualität unreflektiert auf das Alter übertragen werden. [46]

Sexualität wird häufig mit Geschlechtsverkehr und dem darauffolgenden Koitus gesehen. Tatsache aber ist, das für Ältere nicht nur der Orgasmus im Vordergrund steht, sondern *Wohl-Lust statt Woll-Lust.* [47]

Das weitläufige Vorurteil besteht, dass im Zustand der Pflegebedürftigkeit der Mensch geschlechtslos sei. Doch bis ins hohe Alter bleibt die sexuelle Aktivität bestehen, je nach der eigenen Beziehungsbiografie, und je nach seinem Gesundheitszustand. [48]

Unattraktiv und lustlos seien ältere Frauen, deshalb seien alte Männer impotent. Dieses erkläre sich schon allein daraus, wenn der Partnerverlust und die tradierte Moral sexuelle Bedürfnisse zu leben dies erschwert. [49]

Solche und ähnliche Mythen erschweren eine befriedigende Sexualität im Alter oder machen sie gar unmöglich. [50]

---

46 vgl Remlein K-H., Nübel Gerhard, Geschlechtslos im Alter,Jakob van Hoddis, S.13
47 vgl Grond E., Sexualität im Alter (k)ein Tabu in der Pflege, Brigitte Kunz, 2001, S.35 und 36
48 vgl ebenda
49 vgl ebenda
50 vgl Bolte U., Geschlechtslos im Alter, Remlein K-H., Nübel G. (Hrsg.): Verlag Jakob van Hoddis, 1999, S.13

5. Sexualität im Alter

In der Regel nimmt die Häufigkeit sexueller Kontakte im Alter ab. Geschlechtsverkehr steht nicht mehr im Mittelpunkt einer Beziehung, sondern eher das Bedürfnis nach zärtlichen sexuellen Kontakten.

„Auch das Alter kann eine sexuell bewegte Zeit sein. Der Eros kann als Entfaltungsprozess bis ins hohe Alter, ja bis zur letzten Lebensminute reichen", betont Prof. Dr. Leopold Rosenmayer vom Ludwig Boltzmann - Institut für Altersforschung, Wien. [51]

Man kann Alter nicht anhand eines Kalenders messen, sondern daran, wie eine Person ihr Lebensalter füllt.
Und wenn *Hänschen* gefallen an seiner Sexualität hatte, so hat er sie auch im Alter. [52]

Die Aussage, dass Alte sexuell neutral oder sogar geschlechtslos seien, ist sehr verbreitet und lässt vermuten, dass der Mensch im Alter keine Lust auf Lust hat.
Aber genau das Gegenteil ist der Fall, es gibt sie, die Sexualität im Alter; als Bspl. sei hier Oswad Kolle genannt, der offen bekennt, mit 76 Jahren sich noch einmal neu verliebt zu haben. [53]

Die Liebe kann einschlagen wie der Blitz und macht nicht vor dem Alter halt.
Sexuelles Verhalten im Alter ist eine Folge aus der Beziehungsbiografie.

5.1 Geschlechtsspezifische Unterschiede

Ältere Frauen bringen in der Regel eine andere Biografie mit als ältere Männer.
Der große Unterschied liegt natürlich in der Geschlechter-, wie auch Rollenverteilung.

Jede 2. Frau hat kein sexuelles Interesse mehr, dieses liegt in ihrer Biografie begründet.

Eine sehr frühe und wichtige Frage steht im Vordergrund, die da lautet, war dieses Kind (Mädchen oder Junge) gewünscht/gewollt? Und weitere Fragen, die wichtige Beachtung finden sollten:

- Welche Beziehung hatte sie zum Vater?
- Welche Rolle spielte der Vater im Leben dieses Mädchen?
- Welche Traumas erlebte sie in der Kindheit und Pubertät?
- Gab es sexuelle Übergriffe von Bruder, Vater, Onkel oder anderen Männern?
- Wurde sie wegen Selbstbefriedigung bestraft?

---

51 www.infoline.at, Dr. Irene Lachawitz 25.07.2005
52 Kleinvers S., Sexualität und Pflege, Schlütersche, 2004, S.8
53 http://www.stern.de/wissenschaft/gesund_leben/seele-sexualitaet/index.html?id=532629&q=Use%20it%20or%20lose%20it
Interviewer, Werner Hinzpeter, 27.07.2005

Ebenso wichtig ist die spätere Beziehung zum Partner, Ehemann.
- War es eine Liebesheirat, oder war sie aufgezwungen von den Eltern?
- War es eine Heirat aufgrund des Männermangels des Krieges (er ist übrig geblieben)?
- Wie war die Zeit des Kinderkriegens?
- Gab es Zwangsabtreibungen?
- Hat sie Kinder durch den Krieg verloren?
- Welche Beziehung hat sie heute zu ihren Kindern, Enkelkinder?
- Wie kam, kommt sie zurecht mit dem Verlust des Partners/Ehemann?

Bei den älteren Männern treten andere Fragen für die Biografie auf.
- Wie war seine Beziehung zur Mutter, Tanten oder anderen älteren Frauen?
- Musste er Mädchenkleidung tragen?
- Wurde er wegen Selbstbefriedung bestraft?
- Wurde er für vorehelichen Sex moralisch verurteilt?
- Musste er Heiraten, da es wirtschaftlich besser für ihn war?
- Hat er die Patrichartenrolle übernommen/übernehmen müssen, um nicht bei der eigenen Familie als Versager dazustehen?
- Wie hat er die Vaterrolle erlebt?
- Ist er Fremd gegangen?
- Wie kam er mit seiner nachlassenden Potenz zurecht?
- Hat er Schuldgefühle da er Gewalt gegenüber seiner Frau anbrachte?
- Wie kam er mit dem Verlust der Partnerin / Ehefrau zurecht? [54]

5.2 Was bedeutet das

Der Mensch altert, wie er gelebt/geliebt hat und welche Normen und Werte er mitbekommen hat.
Dieses prägt auch sein Sexualverhalten, seine Lust und seine Gefühle.
Sexuelle Gewalt, sexueller Missbrauch in der Kindheit bleibt ein Leben lang in der gestörten Psyche haften. In jungen Jahren wird sie verdrängt, verleugnet, verharmlost, und nur teilweise werden Erinnerungen hervorgeholt. Diese können auch ein Leben lang im Verborgenen bleiben. Sie können Ärger, Wut, Scham und Ängste hervorrufen. Im Alter können diese Gefühle noch stärker hervortreten.

Das Vertrauen zum anderen kann meist nur schwer aufgebaut werden. Missbrauchte Menschen, sei es im Kindes-, Jungendlichen-, Erwachsenenalter haben häufig ein geringes Selbstvertrauen- Selbstwertgefühl und können sich seltener anpassen.

„Gewalterfahrungen sind schwere Kränkungen, Verletzungen in der Biografie." [55]

---

54 vgl Grond E., Sexualität im Alter (k)ein Tabu in der Pflege, Brigitte Kunz, 2001, S.62
55 ebenda S.60

Folgen können sein, dass diese posttraumatischen Belastungen sogar bis zur Persönlichkeitsveränderung führen können.

Ängste können sich wie folgend äußern: bspl. wenn ein älterer Mensch Fixierungen im Altenheim erlebt, können Ohnmacht und Wehrlosigkeit in der Pflege folgen.

Die Entkleidung, das Nacktsein vor Pflegefachkräften können alte Erinnerungen auslösen, so dass der ältere Mensch häufig in panischer Angst aggressiv reagiert. Pflegende bedenken diesen Zusammenhang eher selten. Gerade diese Generation der Älteren hat eins der schlimmsten traumatischen Vorfälle in dieser Welt erlebt, den Krieg. Es fanden nicht nur Tötungen, Gefangenschaften, sondern auch sexuelle Missbräuche an Frauen statt sowie Zwangsprostitutionen. „Allein in Berlin waren es laut Recherchen von der Filmemacherin und Buchautorin Helke Sander zwischen Frühsommer und Herbst 1945 mehr als 110.000 Frauen, die vergewaltigt wurden." [56]

Dies sind nur einige Beispiele, wie die Folgen von biografischem Verhalten des älteren Menschen sein können, die Beachtungen brauchen und Ein sich Einlassen Können vom Pflegenden auf den alten Menschen mit seiner ureigenen Biografie.

Erika Schilling, 76 Jahre und feministische Autorin, sagte einmal „ Wir müssen endlich den Mut haben, hinzusehen, statt zu verdrängen: da nichts im Leben verloren geht." [57]

5.3 Empirische Untersuchungen

Dr. Alfred Charles Kinsey, war einer der ersten Sexualforscher, der bei der Frage nach dem Sexualverhalten der Menschen, Befragungen in Form von Interviews auf den Grund ging. Über 20.000 Menschen in Amerika wurden von ihm und seinen Mitarbeiten nach ihren Sexualgewohnheiten befragt. 1948 erschien sein erstes Buch „ Sexual Behavior in the Human Male" und 1953 folgte gleich das zweite, „Sexual Behavior in the Human Female". Diese Bücher sorgten für großes Aufsehen in der Öffentlichkeit und zu einem riesigen Meinungsstreit. Von vielen werden sie als Auslöser für die sexuelle Revolution in den 60er Jahren angesehen.
Wichtige Aussagen in seinen Büchern sind unter anderem, dass 90 – 95 % der Menschen seien bisexuell veranlagt, Masturbation unter Männern sei weit verbreitet, Frauen, die vor der Ehe masturbierten, seien glücklicher in ihrer Ehesexualität.
Kritiker sagen, Kinsey Befragungen seien nicht sortiert und repräsentativ und doch werden seine Studien immer wieder bis heute, zu Rate gezogen. [58]

56 Böhmer M., Geschlechtslos im Alter, Remlein K-H., Nübel G., Verlag
   Jakob van Hoddis, 1999, S.83
57 ebenda S. 91
58 http://de.wikipedia.org/wiki/Alfred_Charles_Kinsey 31.07.2005

Es gibt wenige Studien zur Befragung über Sexualität im Alter und die Angaben schwanken. Zudem haben sich ältere Frauen seltener zu ihrer Sexualität geäußert als ältere Männer. „Aber je Älter die Probanten waren, desto negativer war das Bild von Alterssexualität." [59]
Frauen sind im Alter weniger sexuell aktiv als Männer. 1/3 von ihnen erlebt die Sexualität als negativ, da sie unter anderem Schmerzen beim Geschlechtsverkehr haben. 1/3 erlebt die Beendigung der Sexualität als positiv, da sie diese als unbefriedigend erlebt haben und die Beziehung zerrüttet ist. Ein weiteres Drittel erlebt sie als ambivalent. [60]
1999 ergab eine Studie von Fr. Dr. Strehlow K. mit knapp 4.500 befragten Männern in Deutschland, dass bei den 60 – 69 jährigen noch bis zu 84 % sexuell aktiv sind, mit 70 – 79 Jahren immerhin noch bis zu 71 %. Warum bei Männern die Sexualität im Alter abnimmt, werden folgende Gründe angegeben: Sie verlieren entweder das Interesse, haben Krankheiten wie Diabetis oder sie wollen sich vom Leistungsdruck befreien. Zu männlichen Personen über 80 Jahre werden keine Aussagen gemacht.
Hingegen sind Frauen zwischen 60 – 70 Jahren bis zu 45 – 55 %, bei den über 70jährigen weniger als 10 % sexuell aktiv.
In den USA liegen vor allem bei den Frauen die Werte höher; bei den 60 – 70jährigen sind zwischen 79 – 90 % sexuell aktiv, bei den über 70 jährigen immerhin noch ca. 50 %. [61]
Andere Umfragen bei Frauen im deutschsprachigen Raum ergaben, dass bis zu 70 % der älteren Frauen zwischen 50 und 90 Jahren nur wenig Zärtlichkeit erlebt haben, bis zu 41 % geben an, keinen ausreichenden sexuellen Kontakt zu haben.

Ältere alleinstehende Frauen leiden in der heutigen Zeit unter Männerdefizit, denn 75 % der über 65jährigen Männer sind entweder noch verheiratet oder sie haben eine jüngere Lebenspartnerin für sich gefunden, während knapp 75 % der gleichaltrigen Frauen nicht mehr verheiratet sind. Frauen leben durchschnittlich 7 Jahre länger als Männer.
Auch hängt wohl das Bildungsniveau nach einer Studie in den USA von einer befriedigenden lustvollen erfüllten Sexualität im Alter ab. Die über 50 Jährigen Frauen, die befragt wurden, gaben an, weniger Versagungsängste und über ein stärkeres Selbstvertrauen verfügen zu wollen als die Frauen, die einen niedrigeren Bildungsstand hatten.
Viele ältere Frauen wünschen sich einen Mann auf Distanz ohne Ehe. Zärtlichkeiten stehen für die Hälfte der Frauen an oberste Stelle. 2/3 der Frauen haben erotische Träume und ¼ haben Phantasien die sie bis zum Orgasmus führen. [62]
Heute leben ca. 4% der pflegebedürftigen alten Menschen, die über 65 Jahre alt sind, in stationären Pflegeeinrichtungen, und die Zahl derer wird sich in den nächsten Jahren verdoppeln. [63]

59 Jürgensen O., Geschlechtslos im Alter, Remlein K-H., Nübel G., Verlag
   Jakob van Hoddis, 1999, S.36
60 vgl. Diekers C., Unterrichtseinheit, Psychologie, Sexualität im Alter, 2004
61vgl
http://www.vitanet.de/rundumsalter/gesundheit/alterssexualitaet/Gesellschaft/intimer_kont
akt/ 25.07.2005
62 vgl. . Diekers C., Unterrichtseinheit, Psychologie, Sexualität im Alter, 2004
63 Jürgensen O., Geschlechtslos im Alter, Remlein K-H., Nübel G., Verlag
   Jakob van Hoddis, 1999, S.41

5.4 Bevorzugte Formen der Sexualität im Alter

Natürlich unterscheidet sich die Sexualität im höheren Alter von dem jüngerer Menschen. Sie verlagern ihre Bedürfnisse in Füreinander Dasein im Sinne von Geborgenheit, Zärtlichkeit, Hautkontakte, und das Wohlbefinden rückt immer näher.
Sexualität im Alter ist geprägt durch Verluste, aber auch durch Gewinne.
Verluste können im körperlichen Bereich sein, Defizite des Organismus.
Die Erinnerung an einen verlorenen geliebten Menschen wie auch Versagungsängste können hierbei eine Rolle spielen.
Demgegenüber stehen aber auch der Gewinn an mehr Einsicht in Komplexitäten, ein Offensein für Andersartigkeit und eine Vertiefung der Lustkompetenz.

5.5 Tabuisierung

Die Sexualität im Alter existiert und gerade deshalb muss „die Einstellung zur Alterssexualität aus der Tabuzone geholt werden, weil sich heutige Alte ihr sexuelles Erleben nicht wegnehmen lassen, weil es bei steigender Lebenserwartung immer mehr Ältere gibt." [64]

6. Sexualität in Heimen

Sexualität in der stationären Altenhilfe mag dem Anschein nach nichts mehr mit romantischen Bildern und der Möglichkeit, als der Wohl- Lust gemeinsam haben.
Dies scheint eher befremdend und ambivalent zu sein sowie teilweise einer anarchistischen und triebgesteuerten Sexualität. Denn Pflegebedürftigkeit wie Demenz oder Inkontinenz lässt nicht gerade den Gedanken an einer romantischen Sexualität aufkommen. [65]

In den Dienstbesprechungen und Übergaben der einzelnen Wohnbereiche wird meist über Dienstleistungskonzepten und Krankheitsbilder einzelner BewohnerInnen und deren Verlauf gesprochen.

Es werden Standards erarbeitet über Serviceleistungen, über Pflegeplanungen/ -maßnahmen und andere Strukturabläufe, die in einer stationären Altenhilfe wichtiger erscheinen, als sich grundsätzlich mit der Thematik *wie gehen wir mit Sexualität* in unserer Einrichtung um?, auseinanderzusetzen.

---

64 Grond E., Sexualität im Alter (k)ein Tabu in der Pflege, Brigitte Kunz Verlag, 2001, S.11
65 vgl Gröning K., Geschlechtslos im Alter, Remlein K-H., Nübel G., Verlag Jakob van Hoddis, 1999, S.69

Es arbeiten nicht nur Menschen in diesen Einrichtungen, sondern es leben und wohnen auch Menschen dort.

Ein Beispiel aus der stationären Altenpflegeeinrichtung, wie es in jeder anderen Einrichtung auch vorkommen könnte, sei hier erwähnt:

Frau A. begegnet Herrn B. im Pflegeheim. Beide lernen sich kennen und ihre Gefühle füreinander wachsen.
Nach einiger Zeit bemerken Pflegende, dass sich Frau A. nachts heimlich in das Zimmer von Herrn B. schleicht. Sie kommt nach einigen Stunden wieder raus und schleicht sich über den dunklen Flur zurück in ihr eigenes Zimmer.
Im Laufe der Zeit werden diese Begegnungen öfter beobachtet und mittlerweile geht das Gerücht durchs Haus, Frau A. habe ein Verhältnis mit Herrn B.
Es passiert sogar einmal, dass eine Pflegefachkraft beide im Zimmer von Herrn B. in flagranti erwischt, sie dreht sich mit den Worten „Entschuldigung" um und verlässt verstört das Zimmer.
Am nächsten Tag lächeln alle Pflegekräfte Frau A. und Herrn B. an. Keiner der Pflegefachkräfte redet mit beiden, um ihnen eventuell anzubieten, dass sie in ein gemeinsames Zimmer ziehen könnten.
Stattdessen geht das Gerücht weiter, bis hin zu den anderen Mitbewohnern. Diese verurteilen Frau A. jetzt für ihr Verhalten. Herr B. wird als sexhungriger Mann bezeichnet, wogegen Frau A. noch lange Zeit mit dem Ruf als Lebedame behaftet bleibt.
Beide Bewohner leben noch heute in dieser Einrichtung, gehen sich aber aus dem Weg. Nur wenn sie sich unbeobachtet fühlen, reden sie noch miteinander, aber öffentlich kennen sie sich nicht mehr.

Dieses Beispiel soll aufzeigen, wie der Umgang auch heute noch, in Bezug zur Alterssexualität in stationären Altenpflegeheimen durchaus besteht.

6.1 Sexualität der Bewohner/Innen

Aus Sicht des Bewohnerpaares war es für sie ein schönes und schreckliches Erlebnis zugleich.
Nachdem ich ein gemeinsames ausführliches Gespräch mit beiden Bewohnern durchgeführt habe und ich den ersten Schritt getan habe mit ihnen über diese Thematik offen zu sprechen, wurde es deutlich, wie sehr die Akzeptanz aller Mitarbeiter wie auch Mitbewohner fehlte.
Gern hätte sich dieses Paar gewünscht, dass sie offen mit dieser Beziehung hätten umgehen können: ohne Vorurteile, ohne Sanktionen, ohne „belächelt" zu werden von den Mitarbeitern sowie Mitbewohnern.
Und doch sagten beide, dass es eine schöne Zeit war, die sie nicht missen möchten. Es wurde keine andere Lösung für beide gefunden als die, die bis heute besteht.

Aber es gibt sie doch, die Sexualität, der Wunsch nach Liebe und Geborgenheit im stationären Pflegeheim unter den älteren Menschen.
„Einer Studie zufolge sind 25 % der AltenheimbewohnerInnen sexuell interessiert und 9% sexuell aktiv." [66]

Nicht alle älteren Menschen finden eine/n PartnerIn im Pflegeheim, dies geht schon aus rein statistischen Werten hervor, da mehr als 80 Prozent der BewohnerInnen Frauen sind. Rivalitäten und Eifersucht unter den Frauen sowie das Umwerben des männlichen Geschlechts ist oft zu beobachten.

Ein älterer Mensch, der auf Hilfe für ihn fremde Pflegepersonen angewiesen ist, muss seine Intimsphäre abgeben/ ablegen. Er fühlt sich ausgeliefert und ist angewiesen auf die Hilfe anderer und hat somit keine freie Wahl.

„Das Ausleben der sexuellen Wünsche wird den BewohnerInnen im Altenheim nicht zugestanden, eben weil sie hilfebedürftig sind." [67]

Leider hat der alte Mensch kaum Rückzugsmöglichkeiten um seine Intimsphäre zu leben. Er ist eingeschränkt, selten allein,

* weil er in einem Doppelzimmer lebt,
* weil er sein Zimmer nicht abschließen kann,
* weil Pflegekräfte zu oft den Generalschlüssel benutzen, um nach dem *Rechten* zu sehen,
* weil er Angst haben muss, in flagranti erwischt zu werden,
* weil Frauenbesuche *verboten* sind.

Gerade diese Rahmenbedingungen lassen den BewohnerInnen in ein sexuelles Fehlverhalten kommen, wie:

* Exhibitionismus
* öffentliche Masturbation
* Anmache von anderen BewohnerInnen und/oder MitarbeiterInnen. [68]

Für manche/n BewohnerInnen ist die Flucht in den Alkohol oft der letzte Weg, um ihre Lust zu dämpfen.

Stationäre Altenhilfeeinrichtungen müssen umdenken, um den Belastungen und Grenzen im Pflegealltag und den sexuellen Wünschen der zu pflegenden alten Menschen gerecht zu werden.

66 Hofmann G., Geschlechtslos im Alter, Remlein K-H., Nübel G., Verlag
   Jakob van Hoddis, 1999, S.165
67 ebenda
68 ebenda S.166

Eine Möglichkeit wäre, damit ältere pflegebedürftige Menschen einen Hauch von Zweisamkeit erfahren/erleben könnten, das sogenannte „Haustier".
Der Haushund oder die Hauskatze sowie die Möglichkeit, eigene Tiere mit einziehen zu lassen.

Tiere ersetzen zwar nicht die Sexualität, aber sie erfüllen einen großen Teil der Sehnsüchte und Zärtlichkeiten, die unter Punkt 2.1 und 2.4 in dieser Arbeit schon beschrieben wurden.

6.2 Pflegefachkräfte und Sexualität

Nach einer Umfrage von Juchli (1997) war der Gedanke für Pflegekräfte neu, dass Sexualität und Pflege etwas miteinander zu tun hätten. [69]

Für Pflegende bedeutet der Zusammenhang von Sexualität und Pflegetätigkeit im Berufsalltag überwiegend eine Belastung. Dies wirkt sich negativ auf die Integrität der Pflegenden und die Pflegequalität aus. Es ist daher notwendig, professioneller mit dem schwierigen und sensiblen Thema der Sexualität in der Pflege und im Umgang mit der Sexualität in Altenpflegeheimen umzugehen.
Gegenseitige Bewohnerbesuche werden auch heute oftmals von Pflegenden nicht toleriert Pflegende sind so sehr in durchgeplanten Arbeitsabläufen eingebunden, dass sie oft an den realen Bedürfnissen der Bewohner vorbei arbeiten. Gründe könnten sein, weil sie Ängste, Scham oder Ekel in der Pflege vor sexualisiertem Verhalten der Bewohner empfinden.

Das Schamgefühl ist erlernt und schützt das Selbstwertgefühl sowie die Personwürde und die Unantastbarkeit der Intimsphäre.
Scham in der Pflege will auch taktvoll und respektvoll mit der Intimsphäre des Kranken umgehen. Es hängt davon ab, wie Pflegende das eigene Schamgefühl wahrnehmen, wie sie über Intimpflege sprechen und sexuelle Regungen akzeptieren. [70]

Ekelgefühle können bei Pflegenden entstehen, wenn sie Stuhl und Urin, frischen Samen im Bett, Eiter in Wunden oder Dikubitis säubern sowie Eichel und Vulva reinigen müssen. [71]
Dieses kann, wenn Pflegende keinen Umgang damit erlernt haben, über Schimpfen und Sauberkeitszwängen bis hin zum Burnout führen. [72]

69 vgl Grond E., Sexualität im Alter (k)ein Tabu in der Pflege, Brigitte Kunz
Verlag, 2001, S.17
70 ebenda S.20
71 ebenda S.24
72 ebenda S.24
Pflegende haben auch mit sexuellen Belästigungen von älteren Männern wie auch älteren Frauen zu tun. Es ist wichtig, dass sie ihre Position als *Helfer,* indem sie den Bewohner *anheizen* und ihn anschließend mit seinen Gefühlen allein lassen, nicht ausnutzen.

Die Sehnsucht nach Nähe von pflegebedürftigen alten Menschen überfordert oft die Pflegenden. Sie haben die Möglichkeit ihre Macht auszuüben, indem sie BewohnerInnen mit „Lustgefühlen" Neuroleptika, Dauerkatheder, Kontrollen und Sanktionen erteilen. Menschliche Begegnungen bestehen immer aus Gefühlen; auch oder gerade in der Pflege sollte diese nicht unterschätzt werden, denn Pflege ohne Gefühle erstarrt zur Technik, zur puren funktionalen Pflege.

„Von Pflegenden wird Nähe und liebevoller Umgang mit den Kranken erwartet im Sinne von Fürsorge, Umsorgen, Anteilnahme, Einfühlen, Akzeptieren, Opferbereitschaft, Verzeihen können." [73]
Andererseits ist es wichtig in diesem Berührungsberuf die nötige Nähe und Distanz zu bewahren, um eine professionelle Pflege gewährleisten zu können.
Nicht unbeachtet darf die Biografie eines (r) jeden Bewohners (in) bleiben. Sie muss im Pflegeprozess mit einfließen. Pflegende müssen sich auch mit ihrer eigenen Sexualbiografie auseinandersetzen, um eine ganzheitliche Pflege des alten Menschen gewährleisten zu können, damit sich ihre Einstellung zur Alterssexualität öffnet. Denn wer sich öffnet, kann Akzeptanz und Toleranz ausüben.

6.3 Sexualität an demenz Erkrankter

Menschen mit Demenz haben ein größeres Bedürfnis nach Nähe und Wärme als andere. Sie brauchen Sicherheiten in Form von festen Bezugspersonen und auch Berührungen. Körperkontakt und Zärtlichkeit sind für sie wichtiger, da die Fähigkeit zur sinnlicher Kommunikation ihnen länger erhalten bleibt, als die sprachliche Kommunikation.
Der Ausdruck des Bedürfnisses nach Körperkontakt hängt ganz von seiner Demenzerkrankung ab.
Manche Erkrankte können ihre sexuellen Gefühle nicht mehr selber steuern.
Sie spüren, dass sich ihre eigene Sexualität verändert, können aber damit nicht umgehen.
Wie bei Herrn B. er hat Alzheimer im Anfangstadium und kommt jeden Tag zur Tagesbetreuung in die stationäre Pflegeeinrichtung.
Herr B. geht über den Flur und sieht eine Schwester auf ihn zukommen, er sagt zu ihr „haben sie aber große Möpse" und greift zeitgleich mit beiden Händen zu diesen.
Unpassendes Sexualverhalten ist möglich, passiert dieses auf diese Weise, kann der Erkrankte selber darunter leiden sowie auch seine Familienangehörige, andere Nahestehende, Bewohner einer stationären Einrichtung und auch das Pflegefachpersonal.

---

73 vgl Grond E., Sexualität im Alter (k)ein Tabu in der Pflege, Brigitte Kunz Verlag, 2001, S.24
Bei einigen Kranken kann es bis zur Enthemmung kommen.
Nicht bei allen an demenz erkrankten Menschen bleibt das Verlangen nach Sexualität, es kann sogar gänzlich verschwinden.

Allerdings können Gesten eines Demenzkranken, die auf den ersten Blick nach sexuellem Verlangen aussehen, möglicherweise eine ganz andere Bedeutung haben. Fast sich ein Demenzkranker z.b. zwischen die Beine, so kann es auch bedeuten, dass er zur Toilette möchte.
Hier ist es besonders wichtig, dass sich das Pflegepersonal mit Fingerspitzengefühl, Fairness und Toleranz dem Betroffenen nähert und mit ihm sorgsam umgeht, bis hin zur Möglichkeit des privaten Rückzug.

7. Zukunft - Aussichten

Sexualität ist ein Grundbedürfnis des Menschen bis zum Lebensende in Form von erotischen Wünschen und Phantasien bei Frauen und Männern.

Sexualität im Alter wird gelebt und auch im Altenpflegeheim.
Und weil das so ist, muss es ein Umdenken in der Gesellschaft in der Unternehmensphilosophie geben.

7.1 Demographische Entwicklung

In Deutschland wird die Gesellschaft immer älter, während gleichzeitig der Anteil der jüngeren Menschen stark abnimmt.

Prognostizierte Altersverteilung für Deutschland im Jahr 2050

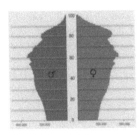

74

---

74 vgl http://de.wikipedia.org/wiki/Alterspyramide 27.05.2005

Diese Entwicklung hat vielfältige Konsequenzen:
Steigende Zahl von Rentnern

„Als Ursache für diese Entwicklung wird folgendes ausgemacht: Einerseits werden immer mehr Menschen durch bessere, moderne Lebensweise und den medizinischen Fortschritt immer älter -- während einst nur wenige Menschen länger als fünf bis sieben Jahre Rente bezogen, sind heute mehrere Jahrzehnte der Normalfall." [75]

Geburtendefizit

Dem gegenüber steht, dass in der modernen Gesellschaft immer weniger Kinder geboren werden.

Die Ursachen bestehen hauptsächlich im Wertewandel in der Gesellschaft.. Neue Werte wie Selbstverwirklichung, Unabhängigkeit, beruflicher Erfolg, Ehe ohne Kinder und alternative Lebensformen, sowie das Geburtendefizit werden insbesondere aus konservativen Kreisen dafür verantwortlich gemacht. Für Gewerkschaften und Sozialverbände ist für das Geburtendefizit Kinder, derzeit das Armutsrisiko Nr. 1 in Deutschland. Deshalb berücksichtigen junge Familien in ihrer Familienplanung weniger oder keine Kinder.

Derzeit werden im Schnitt nur 1,2 Kinder pro Familie geboren. Damit die Bevölkerungszahl nicht schrumpft, müssen im Schnitt mehr als 2 Kinder pro Familie geboren werden. [76]

Bezogen auf unsere Themenstellung bedeutet dies, dass bereits durch die höhere Lebenserwartung in den nächsten Jahren, der Anteil älterer pflegebedürftiger Menschen in Heimen wachsen wird.

Gleichzeitig trägt die demographische Entwicklung sehr stark zur Krise unserer Sozialversicherung bei. So ist der Generationenvertrag in der Rentenversicherung in akuter Gefahr und die Auswirkungen im Gesundheitssektor sind ja inzwischen für nahezu jeden spürbar. Da die Beitragsätze kaum mehr anzuheben sind, weil auf der einen Seite die Lohnnebenkosten der Unternehmen steigen würden mit der Folge, dass diese in einer globalisierten Konkurrenz immer mehr ins Hintertreffen geraten würden, auf der anderen Seite aber auch Kaufkraft entzogen wird, bleibt eben nur die Leistungsreduktion.

75vgl.
http://de.wikipedia.org/wiki/Demographische_Entwicklung#2._Geburtendefizit27.05.2005

76 ebenda

Dies trifft Kliniken und Heime in gleicher Weise. Auch diese Auswirkungen sind heute überall sichtbar: die Reglementierung der Pflegeleistungen, der Bettenabbau, die Konzentration der Kliniken sind fast schon alltäglich geworden.

Für Heime ergeben sich aus diesen Entwicklungen auch neue Chancen. Unter den Bedingungen knapper Kassen könnte eine verstärkte Einführung von Qualitätsmanagementsystemen eine viel versprechende Lösung sein: Kostenreduktion durch Optimierung der Geschäftsabläufe, Qualitätsverbesserung als Methode der Kundengewinnung in einem umkämpften Markt, und: Qualität definiert als die Erfüllung von Kundenerwartungen

7.2 Qualitätsmanagement im Pflegebereich
Unternehmensphilosophie, Kundenzufriedenheit

Umfassendes Qualitätsmanagement oder auch **Total-Quality-Management** (**TQM**) bezeichnet die durchgängige, fortwährende und alle Bereiche einer Organisation (Unternehmen, Institutionen, etc.) erfassende aufzeichnende, sichtende, organisierende und kontrollierende Tätigkeit, die dazu dient, Qualität als Systemziel einzuführen und dauerhaft zu garantieren. TQM wurde in der japanischen Autoindustrie weiterentwickelt und schließlich zum Erfolgsmodell gemacht. TQM benötigt die volle Unterstützung aller Mitarbeiter, um zum Erfolg zu führen.

Zu den wesentlichen Prinzipien der TQM Philosophie zählen:

- Qualität orientiert sich am Kunden,
- Qualität ist, wenn die Kundenerwartungen erfüllt oder übertroffen werden
- Qualität wird mit Mitarbeitern aller Bereiche und Ebenen erzielt,
- Qualität umfasst mehrere Dimensionen, die durch Kriterien operationalisiert werden müssen,
- Qualität ist kein Ziel, sondern ein Prozess, der nie zu Ende ist; Kaizen ist das Prinzip der ständigen Verbesserung, in Deutschland auch KVP (kontinuierlicher Verbesserungsprozess) genannt,
- Qualität setzt aktives Handeln voraus und muss erarbeitet werden,
- Qualität bezieht sich nicht nur auf Produkte, sondern auch auf Dienstleitungen (NPO-Bereich), [77]

Seit 1985 gibt es die internationale Norm DIN EN ISO 9001 (innerhalb der Normreihe 9000), heute in der Version DIN EN ISO 9001:2000-12. (Normrevision im Dezember 2000).

Seit Anfang der 90er Jahre gibt es darüber hinaus das Total Quality Management Model der EFQM (European Foundation for Quality Management). [78]

---

77 vgl. http://de.wikipedia.org/wiki/Qualit%C3%A4tsmanagement 27.05.2005

78 Vgl. http://www.deutsche-efqm.de/ 27.05.2005

Seit Etablierung der Pflegeversicherung Mitte der 90er Jahre, die im § 80 des SGB XI verankert ist, ergibt sich die gesetzliche Verpflichtung für eine Qualitätssicherung in den ambulanten Pflegediensten, in der teilstationären Pflege
(Tages – und Nachtpflege) sowie in der Kurzzeitpflege und den stationären Altenpflegeeinrichtungen.

Durch Dokumentation werden die Pflegeorganisationen verpflichtet, sich an Maßnahmen zur Qualitätssicherung zu beteiligen.

Die Qualitätssicherung in der stationären Altenhilfe, sprich in Alten- und Pflegeheimen, betrifft die pflegerischen Leistungen, die Hotelunterbringungen
(Unterkunft und Verpflegung) sowie die Zusatzleistungen.
Ausführliche Bestimmungen in Bezug zum Verfahren zur Qualitätsbestimmung und Qualitätssicherung sowie zur Qualitätsprüfung sind im § 80 SGB XI aufgeführt.

Die Einführung eines Qualitätsmanagementsystems könnte für viele Heime neue Perspektiven eröffnen. Auf der einen Seite dient sie als eine Methode, durch eine systematische Durchleuchtung aller Heimprozesse zur Optimierung der Geschäftsabläufe und damit auch zur Kostenminimierung beizutragen. Andererseits schreibt die Norm DIN EN ISO 9001:2000-12 die Formulierung einer Unternehmensphilosophie zwingend vor. Dies könnte für Heime der Anlass sein, auch über die Rolle der Altersexualität zu reflektieren. Wenn es so ist, dass Alterssexualität präsent ist, wenn es so ist, dass die in den nächsten Jahren kommenden Kunden selbstbewusster ihre Erwartungen formulieren werden und wenn unter den Bedingungen knapper Kassen die Konkurrenz größer werden wird, dann gibt es Anlass zum Handeln. [79]

Wenn zur Würde älterer Menschen auch eine gelebte Sexualität gehört, dann müsste dies auch in die Qualitätsanstrengungen der Heime eingehen. Und dann müsste auch die Ausbildung der Pflegekräfte in dieser Richtung sehr viel fundierter werden. Generell ist zu erwarten, dass jene Heime im harten Konkurrenzkampf überleben werden, die auf der einen Seite kostengünstige Dienstleistungen anbieten, auf der anderen aber auch die Kundenerwartungen erfüllen oder gar übertreffen.

In diesem Zusammenhang sind die Kosten für die Einführung eines QM Systems als Investitionen zu betrachten. Wenn diese Einführung konsequent durchgeführt wird, wenn die Mitarbeiter und Mitarbeiterinnen begeistern werden, dann werden sich die Kosten bald amortisieren. Die beste Werbung sind zufriedene Kunden. [80]

---

79 vgl www.wikipedia.org/wiki/ISO_9000 27.05.2005
80 eben da

7.3 Forderungen

Mit der Sexualität im Alter / Altenpflegeheim müssen sich alle Mitarbeiter der Pflegeeinrichtung auseinandersetzen, um diese Thematik in das Leitbild des Hauses einfließen zu lassen.

In der stationären Altenpflege muss gerade in der Ausbildung der Altenpflegefachkräfte die Unterrichtseinheit *Sexualität im Alter/ Altenheim* eine größere Bedeutung zu gemessen werden.
Ihnen sollte die Möglichkeit in der Ausbildung eingeräumt werden, sich mehr mit ihrer eigenen gelebten und erfahrenen biografischen Sexualität auseinander zu-setzen.
Denn nur wer sich mit seiner eigenen Sexualität auseinandersetzt, kann sich öffnen im Umgang mit der Sexualität des alten pflegebedürftigen Menschen.

„Pflegende müssen sensibel werden/ sein für verschlüsselte oder offene Botschaften, die beispielsweise auf sexualisierte Gewalt schließen könnten." [81]

Pflegefachkräfte müssen lernen, in Bezug zur Sexualität älterer Menschen, persönliche Gefühle und eigenes Erleben im Pflegeprozess formulieren und reflektieren zu können.

Der Berührungsberuf *Pflege* lebt von Berührungen mit dem anderen, hier sollten Altenpflegeschüler/innen im Unterricht sensibilisiert werden, um Berührungserfahrungen bewusst zu machen, wie gegenseitige Massagen, ein Fußbad mit anschließender Massage um sie anschließend in einem Kontext zu pflegerischen Situationen zu bringen. [82]
Es ist auch wichtig diese Berührungen zu reflektieren.

Ein wichtiger Punkt trägt dazu bei, dass alte Menschen ihre Sexualität ungeniert ausleben können, wenn es genügend Einzelzimmer in stationären Einrichtungen geben würde, so dass sie sich ungestört zurückziehen und sie ihre Zimmer abschließen können.
Pflegefachkräfte sollten diesen Rückzug akzeptieren, tolerieren, d.h. anklopfen und auf ein Signal warten und nicht gleich den Generalschlüssel verwenden.

Eine gute Möglichkeit wäre, dass *Paare* die sich im Pflegeheim zusammenfinden, gemeinsam ein Doppelzimmer beziehen können ohne große Diskussionen, ohne erst fragen zu müssen. Hier ist wieder das Pflegepersonal mit seinem Fingerspitzengefühl gefragt.

Sogenannte *Liebeszimmer*, in denen sich die Bewohner ungestört zurückziehen können, wären zumindest ein Schritt zur Öffnung der Sexualität im Altenpflegeheim.
Briefkästen an den Bewohnerzimmern gibt ihnen Vertrauen und wahrt ihre Intimsphäre (*Liebespost* und ähnliche) .

---

81 vgl Böhmer M., Geschlechtslos im Alter, Remlein K-H., Nübel G., Verlag
    Jakob van Hoddis, 1999, S.165
82 vgl Kleinvers S., Sexualität und Pflege, Schlütersche, 2004, S.83

In den stationären Altenhilfeeinrichtungen sollte auch über eine andere Form der Schlafenszeitenregelung nachgedacht werden, dies führt zu mehr Individualisierung und passt sich den Bedürfnissen der BewohnerInnen an.

Es wäre wünschenswert, wenn in jeder stationären Altenpflegeeinrichtung Tiere zum Anfassen Einzug halten würden.

Callboys- oder Prostituiertenadressen an die Infotafel zu hängen, wären unter anderem auch eine Möglichkeit, wie man mit Alterssexualität in stationären Einrichtungen umgehen kann. Dieses wird in den Niederlanden schon seit mehreren Jahren in den Heimen, unter Berücksichtigung der Intimsphäre der BerwohnerInnen durchgeführt.

„Alter schützt nicht vor Liebe, aber Liebe schützt vor Alter." Grond E. [83]

Dieses Zitat sollte für jeden, der mit älteren Menschen und deren Sorgen im Heimen umzugehen hat, Anlass sein, über dieses Zitat nachzudenken und über die angesprochene Thematik insgesamt zu reflektieren.

---

83 vgl. Diekers C., Unterrichtseinheit, Psychologie, Sexualität im Alter, 2004

Literaturverzeichnis

Böhmer M., Geschlechtslos im Alter?, Remlein K-H., Nübel G., (Hrsg.): Verlag Jakob v. Hoddis, 1999

Bolte U., Geschlechtslos im Alter?, Remlein K-H., Nübel G., (Hrsg.): Verlag Jakob v. Hoddis, 1999

Diekers C., Unterrichtseinheit, Psychologie, Sexualität im Alter, 2004

Fremdwörter Duden, Buch und Zeit Verlagsgesellschaft mbH Köln, 2004

Grond E., Sexualität im Alter (K)ein Tabu in der Pflege, Brigitte Kunz Verlag, 2001

Gröning K., Geschlechtslos im Alter?, Remlein K-H., Nübel G., (Hrsg.): Verlag Jakob v. Hoddis, 1999

Herder Lexikon, Psychologie, Herder Freiburg, Basel, Wien, 1975

Hofmann G., Geschlechtslos im Alter?, Remlein K-H., Nübel G., (Hrsg.): Verlag Jakob v. Hoddis, 1999

Jürgensen O., Geschlechtslos im Alter?, Remlein K-H., Nübel G., (Hrsg.): Verlag Jakob van Hoddis 1999

Kleinvers S., Sexualität und Pflege, Schlütersche, 2004

Nübel G., Geschlechtslos im Alter?, Remlein K-H., Nübel G., (Hrsg.): Verlag Jakob van Hoddis, 1999

Sydow v. K., Geschlechtslos im Alter?, Remlein K-H., Nübel G., (Hrsg): Verlag Jakob v. Hoddis, 1999

Zeitschrift Stern Artikel Sex – an und für sich vom 18.11.2003, 17.05.2005

http://de.wikipedia.org/wiki/Alfred_Charles_Kinsey 31.07.2005

http://de.wikipedia.org/wiki/Alterspyramid 27.05.2005
http://de.wikipedia.org/wiki/Demographische_Entwicklung#2._Geburtendefizit 27.05.2005

http://de.wikipedia.org/wiki/Qualit%C3%A4tsmanagement 27.05.2005

http://de.wikipedia.org/wiki/Richard_von_Krafft-Ebing 19.07.2005

www.dgfs.infos/page2.htm 25.07.2005

www.vitanet.de Dr. Karen Strehlow, Charité- Uni Berlin 26.05.2005

www.v_laitenberger.de , Dr. med. Laitenberger, 2000, 26.05.2005

http://www.deutsche-efqm.de/ 27.05.2005

http://www.geroweb.de/alterssexualitaet/sexualitaet_im_alter_alterssexualitaet.html
17.05.2005

http://www.geroweb.de/krankenpflege/geschichte-der-pflege.html 17.05.2005

http://www.geroweb.de/krankenpflege/geschichte-der-pflege.html 17.05.2005

http://www.humanistische-aktion.hompage.t-online.de/kultur.htm 06.12.2004

http://www.siegessaeule.de/archiv/serie/serie11_99.htm 27.07.2005

http://www.stern.de/wissenschaft/gesund_leben/seele-
sexualitaet/index.html?id=532629&q=Use%20it%20or%20lose%20it
Interviewer, Werner Hinzpeter, 27.07.2005

http://www.vitanet.de/rundumsalter/gesundheit/alterssexualitaet/Gesellschaft/intimer_k
ontakt/ 25.07.2005

http://www.wissen.swr.de/sf/begleit/bg0036/bg_ws03c.htm 18.07.2005

www.infoline.at, Dr. Irene Lachawitz 25.07.2005

http://premium-link.net/$62535$173843136$/0,1518,104838_eza_00050-104838,00.html
23.07.2005

www.wikipedia.org/wiki/ISO_9000 27.05.2005

http://www.3sat.de/3sat.php?http://www.3sat.de/nano/cstuecke/2078
1/
27.05.2005

Lightning Source UK Ltd.
Milton Keynes UK
UKHW010801200721
387465UK00003B/884